P.D. Fischer

Friedrich der Große und die Volkserziehung

Europäischer Geschichtsverlag

P.D. Fischer

Friedrich der Große und die Volkserziehung

1. Auflage | ISBN: 978-3-73400-745-3

Erscheinungsort: Paderborn, Deutschland

Erscheinungsjahr: 2015

Europäischer Geschichtsverlag ist ein Imprint der Salzwasser Verlag GmbH, Paderborn.

Nachdruck des Originals von 1877.

P.D. Fischer

Friedrich der Große und die Volkserziehung

Europäischer Geschichtsverlag

Friedrich der Grosse

und

die Volkserziehung.

Vortrag

gehalten

am 24. Januar 1877 im Bürgersaal des Berliner Rathhauses

zum Besten

des Feierabendhauses für Lehrerinnen und Erzieherinnen

von

Dr. P. D. Fischer,
Geheimer Ober-Postrath.

Berlin
Ferd. Dümmlers Verlagsbuchhandlung
Harrwitz & Gossmann
1877.

Friedrich der Grosse

und

die Volkserziehung.

Vortrag

gehalten

am 24. Januar 1877 im Bürgersaal des Berliner Rathhauses

zum Besten

des Feierabendhauses für Lehrerinnen und Erzieherinnen

von

Dr. P. D. Fischer,

Geheimer Ober-Postrath.

Berlin

Ferd. Dümmlers Verlagsbuchhandlung

Harrwitz & Gossmann

1877.

Seit lange sind wir gewohnt, Friedrich den Grossen als den Polarstern unserer nationalen Geschichte zu betrachten. Wir blicken in Liebe und Ehrfurcht zu ihm auf, nicht nur als dem unüberwindlichen Helden, der unserm Volke, Preussen und Deutschland, das Recht der Existenz gegen eine Welt in Waffen errungen und erhalten hat, sondern auch zu dem Friedensfürsten und Landesvater, der von dem Momente seiner Thronbesteigung an bis zu seinem letzten Athemzug in unvergleichlicher Pflichttreue für das Wohl des Landes und aller Angehörigen desselben rastlos gesorgt und geschaffen hat. Und wie er in Krieg und Frieden die Grundlagen unseres politischen und wirthschaftlichen Daseins, die Fundamente der deutschen Einheit gelegt hat, so hat auch das gesammte Geistesleben unserer Nation nach allen Richtungen hin die wirksamsten und kraftvollsten Anregungen von ihm erfahren: Friedrich hat nicht blos als Herrscher und König, sondern auch als behender auf allen Gebieten der Literatur fruchtbarer Schriftsteller mit grösster Lebendigkeit auf die Erweckung der Geister eingewirkt. Wie im Felde und im Cabinet, so auch in der literarischen Bewegung finden wir ihn jederzeit auf der Höhe der Ideen seines Zeitalters, des Zeitalters, das wir mit Recht nach ihm benennen.

Von dem Umfange und der Bedeutung der schriftstellerischen Thätigkeit, aus welcher Friedrich der Grosse seit seiner frühesten Jugend, mitten unter den Stürmen seiner Kriege und in der Einsamkeit seines Alters, Geistesfrische und Freudigkeit für sein schweres Königsamt zu schöpfen gewusst hat, ist erst durch die auf Befehl König Friedrich Wilhelms IV. von unserer Akademie der Wissenschaften herausgegebene Sammlung seiner Werke eine klare Vorstellung ermöglicht worden. Nach dem Vorgange von J. D. E. Preuss, der sich um die Sammlung aller Andenken an den grossen König hochverdient gemacht und in seinem bereits 1837 erschienenen Buche „Friedrich der Grosse als Schriftsteller" die Vorarbeit zu jener trefflichen Ausgabe geliefert hat, sind seitdem einzelne Seiten von Friedrichs literarischer Wirksamkeit mit neuerdings immer wachsendem Antheil zum Gegenstande eingehender Forschung und Darstellung gemacht worden. Nicht nur die kriegswissenschaftlichen und die geschichtlichen Schriften, die sich den bedeutendsten Leistungen aller Zeiten auf diesen Gebieten anreihen, sondern auch seine Bemühungen um die Land- und die Volkswirthschaft, seine Theorie der auswärtigen Politik, nicht minder die bellettristischen, die moralischen und staatswissenschaftlichen Schriften des Philosophen von Sanssouci, die ungemein reichhaltige Correspondenz, in welcher der König mehr als sechsig Jahre hindurch mit höchster Frische und Ursprünglichkeit alles niedergelegt hat, was seinen Geist und sein Herz bewegte, und endlich jene zahlreiche mehr oder minder leichtbeschwingte Schaar poetischer Erzeugnisse, die „avec privilège d'Apollon", wie es auf dem Titelblatte der bei Lebzeiten Friedrichs gedruckten Ausgabe heisst, das Licht der Welt erblickt hat: sie alle haben Bearbeiter gefunden, welche sich die dankbare Aufgabe stellten, die Ideen des grossen Königs zu gruppiren und in einer Auswahl seiner vorzüglichsten

Schriften dem Verständniss unserer Zeitgenossen lebendig zu erhalten. Als mir die ehrende Aufforderung zuging, am Geburtstage Friedrichs des Grossen und für einen unser Unterrichtswesen berührenden Zweck zu sprechen, da schien mir der Versuch gerechtfertigt, innerhalb der Grenzen eines Vortrags dasjenige, was Friedrich als Philosoph und Schriftsteller über Unterricht und Volkserziehung gedacht und geschrieben, sowie was er als König und als Herrscher auf diesem Gebiete gewirkt und geleistet hat, einer näheren Betrachtung zu unterziehen.

Neben zahlreichen Stellen im Briefwechsel des Königs, namentlich mit Voltaire[1]) und d'Alembert[2]), in welchen das lebhafte Interesse Friedrichs für die Volkserziehung sich kundgiebt, wird dies Thema in einer Anzahl seiner Abhandlungen, sowie in mehreren von ihm selbst verfassten Erziehungsanweisungen eingehend erörtert. Zu jenen Abhandlungen gehören

der Dialogue de morale à l'usage de la jeune noblesse[3]), ein für die Zöglinge des Berliner Cadettenhauses, jener den „Martis et Minervæ alumnis" errichteten Pflanzschule für das Offiziercorps seiner Armee, bestimmtes Gespräch über die wichtigsten Fragen der Moral. Den vom König selbst niedergeschriebenen Text erhielt der Chef des Cadettencorps, Generallieutenant von Buddenbrock, mit dem Auftrage, denselben mit der von Ramler besorgten deutschen Uebersetzung drucken zu lassen und zu veröffentlichen, was im Frühjahr 1770 geschehen ist.

Ebenfalls vorzugsweise die Moral, aber zugleich wichtige pädagogische Grundsätze betrifft der Essai sur l'amour-propre envisagé comme principe de morale[4]), welcher in der

---

[1]) Oeuvr. t. XXI—XXIII.
[2]) Oeuvr. t. XXIV—XXV.
[3]) Oeuvr. t. IX. p. 99—112.
[4]) Oeuvr. t. IX. p. 85—98.

Sitzung der Akademie vom 11. Januar 1770 vorgelesen und in demselben Jahre im Druck erschienen ist. Bereits einige Tage vorher hatte der König Abschriften des Aufsatzes an d'Alembert und an Voltaire senden lassen; das anmuthige und geistvolle Dankschreiben des Letzteren[1]) ist eine wahre Perle von jener éloquence de billet, welche den Briefen des „Alten von Ferney" einen so eigenthümlichen Reiz verleiht.

Die Lettre sur l'éducation[2]), datirt vom 18. December 1769, bezeichnet sich als Brief eines Genfers an den Professor Burlamaqui daselbst, den Verfasser bekannter völkerrechtlicher Schriften, der freilich bereits im Jahre 1748 verstorben war. Der König übersandte die Schrift, welche er selbst als Gegenstück zu dem vorhin erwähnten Dialog über die Moral ansah, an den Minister von Münchhausen „in der Intention, dass Ihr solche lesen sollt, weil Ich glaube, dass darin einige Reflexiones befindlich sind, von welchen bei den Universitäten Gebrauch zu machen nicht ohne Nutzen sein dürfte." Dieser Brief, durchaus charakteristisch für den energischen, stets ohne Umschweife auf das Ziel gerichteten Gedankengang des königlichen Autors, enthält weniger eine Darlegung der Regierungsgrundsätze, nach denen die Verwaltung des Schul- und Unterrichtswesens zu handhaben ist, als vielmehr eine einschneidende Kritik der Erziehung, wie sie in den vornehmeren Klassen der damaligen Gesellschaft üblich war: er beklagt den Mangel an Sorgfalt, mit welchem die Familienhäupter bei Erfüllung dieser heiligen Pflicht zu Werke gingen, rügt die Fehler der Methode, welche bei dem Unterricht auf den Gymnasien und Universitäten befolgt werde, verlangt insbesondere eine gründlichere und umfassendere Ausbildung

---

[1]) Oeuvr. t. XXIII. p. 148.
[2]) Oeuvr. t. IX. p. 113–127.

für die weibliche Jugend, und schliesst mit den bezeichnenden Worten: „Es empört mich, wenn ich sehe, welchen Eifer man darauf verwendet um unter diesem rauhen Himmel Ananas, Pisangs und andere exotische Gewächse fortzubringen, und wie geringe Mühe man sich um das menschliche Geschlecht giebt. Sage man was man wolle: ein Mensch ist kostbarer als alle Ananas der Welt; das ist die Pflanze, die man cultiviren muss, die alle unsere Sorgfalt und Arbeit verdient, weil sie den Schmuck und den Ruhm des Vaterlandes bildet."

Hierher darf ferner gerechnet werden der Discours de l'utilité des sciences et des arts dans un état[1]), den der König zu Ehren seiner Schwester Ulrike, Königin-Wittwe von Schweden, in der feierlichen Sitzung der Akademie vom 27. Januar 1772 verlesen und demnächst im Druck erscheinen liess.

Ebenso verdient die berühmte Abhandlung, in welcher der greise König im Jahre 1780 seine Ansichten über den Zustand, die Mängel und die Aussichten der deutschen Literatur[2]) auseinandergesetzt hat, unter den pädagogischen Schriften Friedrichs aufgeführt zu werden, da seine Hoffnungen und Wünsche für die Verbesserung namentlich des höheren Unterrichtswesens in Deutschland nirgends zusammenhängender als hier ausgesprochen worden sind.

Sehr wesentlich kommen ferner in Betracht folgende, aus verschiedenen Zeiten seiner Regierung stammende Instructionen, in denen sich die Grundsätze des grossen Königs über die Erziehung des Charakters und die Ausbildung des Geistes vielleicht am schärfsten niedergelegt finden.

Der Fürstenspiegel[3]) oder die Instruction, welche der

---

[1]) Oeuvr. t. IX. p. 167—180.
[2]) Oeuvr. t. VII. p, 92—122.
[3]) Oeuvr. t. IX. p. 1—7.

König dem unter seinen Augen erzogenen jungen Herzog Karl Eugen von Württemberg (Schillers Herzog) bei seiner Grossjährigkeitserklärung im Jahre 1744 als Richtschnur für die Regierung seines Landes übergab. Er enthält auf wenigen Seiten eine Summe von fürstlicher Lebensanschauung und von wahrhaft königlichen Rathschlägen, deren Befolgung dem jungen Herrn, an welchen sie gerichtet waren, manch bittere Erfahrung, seinem Lande manch schweres Geschick erspart haben würde.

Wichtiger noch ist für unsern Zweck die Instruction[1]), welche der König im Jahre 1751 für den zum Erzieher des künftigen Thronfolgers, nachmaligen Königs Friedrich Wilhelm II. bestimmten Major von Borcke aufsetzte. Hier legt jedes Wort Zeugniss ab von dem eindringenden Verständniss, mit welchem Friedrich der Grosse den Unterricht und die Erziehung der Jugend bis in die kleinsten Einzelheiten erfasste.

Sehr bemerkenswerth ist ferner die ausführlichere Instruction[2]), welche der König für die von ihm in Berlin errichtete Erziehungsanstalt für junge Adliche, die am 1. März 1765 eröffnete Académie des nobles, eigenhändig aufgesetzt hat.

Besonders hervorzuheben ist endlich das Schreiben des Königs vom 7. September 1779 an den Cultusminister Freiherrn von Zedlitz, worin ein ausführliches Gespräch, das der König mit Zedlitz über den Unterricht der Jugend gehabt hatte, seinem gesammten Inhalte nach wiedergegeben ist.[3])

Ueberschauen wir die Reihe dieser Schriften und Aktenstücke, deren überwiegende Mehrzahl der zweiten Regierungs-

---

[1]) Oeuvr. t. IX. p. 37—40.
[2]) Oeuvr. t. IX. p. 77—84.
[3]) Oeuvr. t. XXVII. troisième partie p. 253—257.

hälfte des Königs angehört, so lässt das jugendliche Feuer und die Geistesfrische, welche sich in ihnen kundgeben, nicht erkennen, dass Friedrich in den Fragen des Unterrichts und der Volkserziehung, wie er sich gegen d'Alembert[1] ausdrückt, die hochets de sa vieillesse, das Spielzeug seines Alters erblickte. Zwar hat der König in Betreff dieses Gegenstandes nicht selbst in so gedrängter Zusammenfassung die Summe seiner Erfahrungen und Anschauungen gezogen, wie er dies in Hinsicht auf die Kriegswissenschaft in den „Generalprincipien des Krieges", auf dem Gebiete der Politik in dem Essai sur les formes du gouvernement, für die innere Staatsverwaltung in dem Exposé du gouvernement prussien gethan hat. Die wesentlichsten Erziehungsgrundsätze des grossen Königs lassen sich jedoch aus dem Inhalt jener Schriften unschwer erkennen und zusammenstellen.

An die Spitze dieser Grundsätze gehört, wenn zunächst die Erfahrungsmethode ins Auge gefasst wird, die vom Könige oft und stets mit allem Nachdruck betonte Nothwendigkeit, selbstständig denken zu lehren. „Wer zum besten räsonnirt", sagt der Brief an den Cultusminister von Zedlitz, „der wird immer weiter kommen, als einer der falsche conséquences zieht". Er wiederholt diesen Satz mit denselben Worten an einer andern Stelle dieses merkwürdigen Schreibens, und verlangt deshalb Unterricht in der Logik, „auch in den Schulen der kleinen Städte, damit ein jeder lernt einen vernünftigen Schluss machen in seinen eigenen Sachen; das muss sein". „Die Logik ist das allervernünftigste, denn ein jeder Bauer muss seine Sachen überlegen, und wenn ein jeder richtig dächte, das wäre sehr gut." Darum verlangt er in der Instruction für den Major von Borcke[2]), dass der junge Prinz Friedrich Wilhelm

---

[1]) Oeuvr. t. XXIV. p. 578.
[2]) Oeuvr. t. IX. p. 38.

einen kleinen Cours in der Logik, frei von jeder Pedanterie durchmache; „damit er selbstständig den falschen Punkt eines Räsonnements erkennen lernt, und weiss, weshalb ein Schluss unrichtig ist." Er schärft den Lehrern der Ritterakademie[1]) ein, dass sie ihre Zöglinge vor allen Dingen daran gewöhnen sollen, „sich klare und präcise Ideen von den Sachen zu machen, und sich nicht mit unbestimmten und verwirrten Vorstellungen zu begnügen". Den Gymnasien des Landes, auch den besten, wird in der Lettre sur l'éducation[2]) vorgeworfen, „dass sie sich ausschliesslich befleissigen, das Gedächtniss ihrer Zöglinge anzufüllen und sie nicht daran gewöhnen, selbstständig zu denken". Die Folge davon sei, dass die jungen Leute, sowie sie nur den Fuss über die Schwelle des Schulhauses setzen, alles vergessen was sie gelernt haben. „Warum übt man nicht ihr Urtheil, und zwar so, dass man sie in der Dialektik nicht blos unterweist, sondern indem man sie selbst räsonniren lässt?"

Räsonniren, selbst denken: das ist das A und O von des grossen Königs Pädagogik. Mit vollem Recht konnte daher Immanuel Kant in jenem schönen Aufsatze, den er 1784 in Beantwortung der Frage: „Was ist Aufklärung"? in der Berliner Monatsschrift erscheinen liess, in unverkennbarem Hinblick auf Friedrich sagen: „Nun höre ich von allen Seiten rufen: räsonnirt nicht! der Offizier sagt: räsonnirt nicht, sondern exerzirt! der Finanzrath: räsonnirt nicht, sondern bezahlt! der Geistliche: räsonnirt nicht, sondern glaubt! Nur ein einziger Herr in der Welt sagt: räsonnirt, soviel Ihr wollt, und worüber Ihr wollt, aber gehorcht!"[3])

---

[1]) Instr. pour la direction de l'Academie des nobles, Oeuvr. t. IX. p. 77.
[2]) Oeuvr. t. IX. p. 116.
[3]) Kants Werke Bd. VII. Abth. 2 S. 147.

Verfolgen wir die Ansichten des Königs über die Unterrichtsmethode weiter, so finden wir, dass Friedrich trotz seiner Abneigung gegen Pedanterie durchweg auf Gründlichkeit und Solidität dringt. Er spottet, dass „diese guten Deutschen, der tiefen Gelehrsamkeit, die sie ehemals besassen, überdrüssig, jetzt ihren Ruf mit möglichst geringen Unkosten erwerben wollen. Sie folgen dem Beispiel einer benachbarten Nation, die sich damit begnügt, liebenswürdig zu sein, und so werden sie in kürzester Frist oberflächlich werden."[1]) Er warnt vor übertriebener Strenge; Narrenspossen und lustige Streiche, sagt er in der Instruktion für die Ritter-Akademie, soll man den Zöglingen nachsehen; man solle sich ja hüten, die Fröhlichkeit, die guten Einfälle und alles, was Genie verräth, zu unterdrücken.[2]) Freilich war er andererseits kein Anhänger jenes von Rousseau verkündigten, auch in Deutschland gläubig aufgenommenen Evangeliums, dass die Menschen alle von Natur gut seien, und dass die Erziehung nur darin bestehe, diese guten Eigenschaften sich frei und ungehindert entfalten zu lassen. Wiederum ist es Kant, der uns am Schlusse seiner Anthropologie das höchst bezeichnende Gespräch aufbewahrt hat, welches der König hierüber mit dem von ihm hochgeschätzten Aesthetiker Sulzer gehabt hat. Sulzer, dem die Inspektion über die Schulanstalten in Schlesien übertragen worden war, wurde vom König gefragt, wie es damit ginge. Er erwiederte, „seitdem man auf dem Grundsatz des Rousseau, dass der Mensch von Natur gut sei, fortgebaut hat, fängt es an besser zu gehen." „Ah, sagte der König, mon cher Sulzer, vous ne connaissez pas assez cette maudite race, à la quelle nous appartenons."[3]) — Er kannte „diese Rasse"

---

[1]) Lettre sur l'éducation, Oeuvr. t. IX. p. 117.
[2]) Oeuvr. IX. p. 83.
[3]) Kant's Werke, Bd. VII., Abth. 1 S. 275.

allerdings besser als der Professor; sein Auge hatte in die verborgenste Tiefe des menschlichen Herzens geblickt, allein trotz aller bitteren Erfahrungen war Friedrich kein Menschenfeind geworden, weder in der Praxis, was wohl keines Beleges bedarf, noch in der Theorie. Man höre nur den Schluss seiner schönen Abhandlung über die Gründe, Gesetze zu geben oder abzuschaffen:[1])

„Sich einzubilden, dass die Menschen lauter Teufel seien, und mit Grausamkeit gegen sie zu wüthen, ist die Vision eines grimmen Menschenfeindes; anzunehmen, dass sie lauter Engel seien und ihnen die Zügel schiessen zu lassen, der Traum eines thörichten Kapuziners. Zu glauben, dass sie weder durchweg gut noch durchweg schlecht sind, gute Thaten über ihr Verdienst zu belohnen, schlechte unter ihrem Werthe zu bestrafen, Nachsicht für die Schwächen und Menschlichkeit für Alle zu besitzen: das ist eines verständigen Mannes würdig."

Zeigt sich der König vermöge seiner unbestechlichen Menschenkenntniss in seiner Auffassung von der Methode des Unterrichts frei von Irrthümern, denen selbst die erleuchtetsten Pädagogen seiner Zeit ihren Tribut entrichteten, so sind seine Grundsätze über die Ziele der Erziehung nicht minder weitausschauend und weithintragend.

Als erstes Objekt des gesammten Unterrichts erscheint es ihm, die Geister aufzuklären. Aufzuklären in dem Sinne, den Kant in seiner bereits erwähnten Abhandlung so recht im Geiste Friedrichs kennzeichnet, indem er sagt: „Aufklärung ist der Ausgang des Menschen aus seiner selbst verschuldeten Unmündigkeit. Unmündigkeit ist das Unvermögen, sich seines Verstandes ohne Leitung eines Andern zu bedienen. Selbst verschuldet ist diese Unmündigkeit, wenn die Ursache derselben nicht am Mangel des Verstandes,

---

[1]) Oeuvr. t. IX. p. 33.

sondern der Entschliessung und des Muthes liegt, sich seiner ohne Leitung eines Andern zu bedienen. Sapere aude! Habe Muth, Dich Deines eigenen Verstandes zu bedienen! ist also der Wahlspruch der Aufklärung." [1])

Um dies Ziel zu erreichen, verlangt der König, dass die Erziehung mit den Vorurtheilen breche, welche der Erkenntniss der Wahrheit im Wege stehen. In seiner Abhandlung sur l'innocence des erreurs de l'esprit schildert er ausführlich, wie Ueberlieferung, mangelhafte Anlage und verkehrte Erziehung bei den meisten Menschen Hand in Hand arbeiten, um sie in Irrthümern aufwachsen zu lassen. „Die Schule trägt auch das ihrige dazu bei, man verlässt sie mit einem Wuste von Worten belastet, erfüllt von Aberglauben ... Eigensinn gesellt sich noch manchmal zum Vorurtheile, und eine gewisse Barbarei, die man blinden Eifer nennt, unterlässt niemals, ihre tyrannischen Grundsätze aufzustellen. Das sind die Folgen der in der Kindheit eingesogenen Vorurtheile." [2])

Solche Vorurtheile auszurotten, Licht in die Köpfe zu bringen, erscheint dem König als eine seiner höchsten Regentenpflichten. „Meine Hauptbeschäftigung," schreibt er am 16. September 1770 an Voltaire,[3]) „besteht darin, dass ich den Provinzen, zu deren Beherrscher mich der Zufall der Geburt gemacht hat, die Unwissenheit und die Vorurtheile bekämpfe, die Köpfe aufkläre, die Sitten anbaue und die Leute so glücklich zu machen versuche, als es sich mit der menschlichen Natur verträgt, und als es die Mittel erlauben, die ich darauf wenden kann." Im Discours de l'utilité des sciences et des arts dans un état eifert der König nachdrücklich gegen die verkehrten Politiker, die in

---

[1]) Kants Werke, Bd. VII. Abth. 2 S. 145.
[2]) Oeuvr. t. VIII. p. 40.
[3]) Oeuvr. t. XXIII. p. 169.

kleinlichen Anschauungen befangen und ohne der Sache auf den Grund zu gehen, die Meinung aufstellen, ein unwissendes und ungebildetes Volk sei leichter zu regieren als eine aufgeklärte Nation. Diesem grundfalschen Räsonnement hält er die Erfahrung entgegen, dass ein verdummtes Volk um so störriger und unlenkbarer ist, und dass es viel schwieriger ist, den Eigensinn Ungebildeter zu besiegen, als Leute zu überzeugen, die gebildet genug sind, um Vernunft anzunehmen.[1])

Darum fordert der König, dass vor allem das Gefühl der Menschenwürde durch die Erziehung geweckt und genährt werde. „Welches Glück kann Dir denn," fragt er in seinem Dialogue de morale[2]) den Zögling seiner Académie des nobles, „die Meinung bereiten, die Andere von Dir haben?" Und die Antwort ist: „Ich stütze mich nicht auf die Meinung Anderer, sondern auf die unaussprechliche Genugthuung, die ich empfinde, indem ich mich eines vernünftigen, humanen und wohlthätigen Wesens würdig fühle." Er wird nicht müde, Humanität als die Grundlage und das Ziel alles Unterrichts zu predigen. „Unsere Eigenschaft als Bürger," lässt er ebendaselbst den Zögling sagen, „verpflichtet uns, alle Menschen als Wesen derselben Gattung anzusehen, sie als Gefährten, als Brüder zu betrachten, die uns die Natur gegeben hat."

„Ungeachtet der Trennung der Stände," schreibt er im Avant-propos zu Voltaires Henriade, „erkennt man doch, dass die Natur uns Alle gleich gemacht hat, dass wir innig und friedlich leben sollen, zu welcher Nation und Religion wir auch gehören, und dass Liebe und Mitleid allgemeine Pflichten sind"[3]). Er verlangt in der Instruction für den Erzieher seines Nachfolgers, „dass der Prinz lerne,

---

[1]) Oeuvr. t. IX., p. 173.
[2]) Oeuvr. t. IX., p. 103.
[3]) Oeuvr. t. VIII. p. 57.

dass alle Menschen gleich sind, und dass die Geburt nichts als eine Chimäre ist, wenn sie nicht durch das Verdienst unterstützt wird."

Ein wesentlicher und untrennbarer Bestandtheil dieser Humanität ist dem König der grosse Grundsatz der Toleranz. „Wenn er einige Jahre älter ist," heisst es in der vorher genannten Instruction, „kann man ihm einen Abriss der philosophischen Lehrmeinungen und der verschiedenen Religionen beibringen, ohne ihm gegen irgend eine derselben Hass einzuflössen, indem man ihn erkennen lässt, dass sie Alle Gott dienen, wenn auch auf verschiedene Weise." Wahrhaft gross ist die Mahnung, die er in dieser Hinsicht an den jungen Herzog von Württemberg richtet. „Sie sind das Oberhaupt der bürgerlichen Religion Ihres Landes, die in Ehrbarkeit und allen Tugenden der Sittlichkeit besteht. Es ist Ihre Pflicht, sie ausüben zu lehren, namentlich die Humanität, die die Haupttugend eines jeden denkenden Wesens ist. Ueberlassen Sie die geistliche Religion dem höchsten Wesen. Wir sind in dieser Sache Alle blind, und irren nach verschiedenen Richtungen. Wer unter uns wollte so verwegen sein, den richtigen Weg vorzuschreiben?"

Diese Liebe für die ganze Menschheit geht bei dem König Hand in Hand mit der Liebe zum Vaterlande. Ich habe mich, durfte Friedrich im Eingange seines letzten Willens wahrheitsgemäss von sich sagen, seit ich die Leitung der Geschäfte übernommen habe, mit allen Kräften, die mir die Natur verliehen, und nach meiner schwachen Einsicht bemüht, dies Land glücklich und blühend zu machen. Und er schloss sein Testament mit einem heissen Wunsche für das Glück seines Landes; möge es immer mit Gerechtigkeit, Weisheit und Kraft regiert werden und blühen bis ans Ende der Jahrhunderte![1] Gleich patriotische Gesinnun-

---

[1] Oeuvr. t. VIII. p. 215.

gen zu wecken schien ihm eine der würdigsten und wichtigsten Aufgaben der Erziehung. „Als Söhne unseres Vaterlandes," heisst es im Dialogue de morale, „sind wir verpflichtet alle unsere Kräfte anzuwenden um ihm zu nützen; wir müssen es aufrichtig lieben, denn es ist unsere gemeinsame Mutter, und wenn sein Vortheil es fordert, müssen wir ihm unser Gut und unser Leben opfern." Und auf die Frage: was schulden wir dem Vaterland? lässt er den Zögling kurz, wie ein Lakoner, erwidern: „Alles, meine schwachen Talente, meine Arbeit, meine Liebe, mein Leben."[1]

Die Grundsätze der Moral, auf welche die Erziehung sich vorzugsweise stützen soll, sind diesen königlichen und menschlichen Anschauungen entsprechend. Er fordert Selbstverleugnung; „Glauben Sie ja nicht," ruft er dem jungen Herzog von Württemberg zu, „dass Ihr Land für Sie gemacht sei; Sie sind dazu da, um Ihr Land glücklich zu machen. Ziehen Sie sein Wohlergehen stets Ihren Neigungen vor!"[2] Er verlangt in der Instruction für die Ritter-Akademie, dass die Liebe zur Gerechtigkeit, der Abscheu gegen Ungerechtigkeit in den jungen Herzen mit grösster Sorgfalt gepflegt werde.[3] Er warnt vor allem vor Undank, den er als „das scheusslichste, schwärzeste und infamste von allen Lastern"[4] bezeichnet. Er dringt auf Erziehung des Charakters; vor allem des Willens. Festigkeit und Consequenz im Handeln sollen die Schüler lernen, und den Trieb zur Thätigkeit, denn: Occuper les hommes, c'est les empêcher d'être vicieux, heisst es im Briefe über die Erziehung.[5]

Werfen wir nun einen Blick auf das Mass der Kennt-

---

[1] Oeuvr. t. IX. p. 102. u. 111.
[2] Miroir des princes, Oeuvr. t. IX. p. 6.
[3] Oeuvr. t. IX. p. 80.
[4] Essai sur l'amour propre etc., Oeuvr. t. IX. p. 93.
[5] Oeuvr. t. IX. p. 124.

nisse, die dem Könige wünschenswerth erschienen, so ist es von grossem Interesse, bei ihm, der in den klassischen Sprachen zufolge der Abneigung seines Vaters gegen dieselben nur sehr schwachen Unterricht erhalten hatte, ein tiefes Verständniss für die bildende Kraft gerade dieses Lehrgegenstandes anzutreffen. „Ich sehe mit grossem Bedauern, sagt er in dem vorerwähnten Brief,[1]) dass das Studium der griechischen und der lateinischen Sprache nicht mehr so im Schwunge ist, wie ehedem." Am deutlichsten tritt dies Verständniss des Königs für das bildende Element der klassischen Sprachen in dem Schreiben an den Cultusminister von Zedlitz[2]) zu Tage. „Lateinisch", sagt der König, „müssen die jungen Leute auch absolut lernen, davon gehe Ich nicht ab; es muss nur darauf raffiniret werden, auf die leichteste und beste Methode, wie es den jungen Leuten am leichtesten beizubringen; wenn sie auch Kaufleute werden, oder sich zu was anderm widmen, wie es auf das Genie immer ankommt, so ist ihnen das doch allezeit nützlich und kommt schon eine Zeit, wo sie es anwenden können. Die Lehrer und Professors müssen das Lateinische durchaus wissen, sowie auch das Griechische, das sind die wesentlichsten Stücke mit." Und weiterhin sagt er noch einmal mit voller Entschiedenheit: „Aber vom Griechischen und Lateinischen gehe Ich durchaus nicht ab bei dem Unterricht in den Schulen." Diese klare Einsicht des Königs verdient um so mehr hervorgehoben zu werden, als sie den Anschauungen widerspricht, welche gerade damals von Basedow, dem Begründer des Philanthropins, mit grösstem Eifer und Erfolg verbreitet wurden, und welche in dem auf Schulen und Universitäten herrschenden lateinischen und griechischen Humanismus einen

---

[1]) ibid. p. 117. Dieselbe Klage spricht die Abhandlung: de la littérature allemande t. VII. p. 98 aus.
[2]) Oeuvr. t. XXVII troisième partie p. 255.

der schlimmsten Gegner der naturgemässen Erziehungsmethode erkennen wollte.

Freilich ist es neben dem formalen Elemente der Klassiker auch wesentlich ihr Inhalt, den der König für den Unterricht nützlich gemacht wissen will. „Die Auctores classici", schreibt er seinem Cultusminister, „müssen auch alle ins Deutsche übersetzet werden, damit die jungen Leute eine Idee davon kriegen, was es eigentlich ist; sonsten lernen sie die Worte wohl, aber die Sache nicht. Die guten Auctores müssen vor allen übersetzt werden ins Deutsche, als im Griechischen und Lateinischen der Xenophon, Demosthenes, Sallust, Tacitus, Livius und vom Cicero alle seine Werke und Schriften, die sind alle sehr gut; desgleichen der Horatius und Virgil, wenn es auch nur in Prosa ist."[1]) Schon im Eingange des Schreibens hatte der König verlangt, dass sein Lieblingsschriftsteller „der Quintilien" verdeutschet und darnach in den Schulen informirt werde. Wir besitzen eine gnädige Cabinetsordre von ihm an den Pastor Lange in Laublingen,[2]) den durch Lessings Kritik unsterblich gewordenen schwachen Uebersetzer des Horaz; Garve's Verdeutschung von Cicero's Abhandlung über die Pflicht erregte die besondere Freude des Monarchen. Und zu Gottsched sagte er: „Ich bin nur ein zu alter Kerl, noch deutsch zu lernen, und beklage, dass ich in meiner Jugend weder Anleitung noch Ermunterung gehabt habe; ich würde gewiss viele meiner Nebenstunden auf gute deutsche Uebersetzungen römischer und französischer Schriftsteller verwendet haben.[3]) Auch in der Abhandlung über die deutsche Literatur betont der König die Nothwendigkeit, die klassischen Schriften des Alterthums und der Neuzeit ins Deutsche zu übersetzen;

---

[1]) Oeuvr. t. XII. troisième partie p. 255.
[2]) Preuss, Fr. d. Gr. Urkunden Bd. I. S. 225.
[3]) Preuss, Th. III. S. 331.

er schlägt dazu ausser den Vorgenannten noch Thucydides und Aristoteles' Poetik, Epiktet und Mark Aurel's Sentenzen vor.

Völlig unbegründet ist die Meinung, dass der König die persönliche Abneigung, die er gegen den Gebrauch der deutschen Sprache überkommen hatte, auf den Unterricht übertragen habe. Er fordert vielmehr in dem Schreiben an Zedlitz: „Eine gute deutsche Grammatik, die die beste ist, muss auch bei den Schulen gebraucht werden, es sei nun die Gottschedsche oder eine andere, die zum besten ist." Unter seiner Regierung nahm die wissenschaftliche Behandlung der vaterländischen Sprache einen vorher unbekannten Aufschwung. Adelung begann 1774 mit der Veröffentlichung seines grundlegenden Wörterbuchs, auf welches der König in der Abhandlung de la littérature allemande mit Befriedigung hinblickt, jedoch hinzusetzt: Ich erröthe, dass ein so nützliches Werk nicht ein Jahrhundert vor mir erschienen ist.[1]) Moritz, von dessen Prosodie Goethe bekannt hat, dass er ohne sie nie gewagt haben würde, Iphigenie in Jamben umzusetzen, widmete seinen „Versuch einer deutschen Prosodie" dem Könige in dessen letztem Lebensjahr. Schon einige Jahre früher hatte er Friedrich einige Gedichte überreicht, und darauf folgende Antwort erhalten: „Mahlten alle deutsche Dichter, wie Ihr in Euren Mir zugefertigten Gedichten, mit so viel Geschmack, und herrschte in ihren Schriften eben der Verstand und Geist, welcher aus den beigelegten zwei kleinen Briefsammlungen hervorblickt, so würde Ich bald Meine landesväterlichen Wünsche erfüllt, und die deutschen Schriftsteller an Würde und Glanz den auswärtigen den Rang streitig machen sehen. Eure drei Schriften eröffnen Mir dazu eine angenehme Aussicht. Sie

---

[1]) Oeuvr. t. VII. p. 121

haben meinen völligen Beifall und Ich ermuntere Euch zur ferneren Vervollkommnung der vaterländischen Sprache als Euer gnädiger König."[1])

Von einem so klaren und folgerichtig denkenden Kopf wie König Friedrich lässt sich ohne Weiteres erwarten, dass er dem Unterricht in der Mathematik gleichfalls sein Interesse zugewendet hat. Er glaubt zwar in der Instruction für die Ritterakademie den Professor Sulzer nicht erst darauf hinweisen zu müssen, dass es nicht die Absicht sei, die jungen Edelleute zu lauter Bernouilly's und Newton's zu erziehen. Die Trigonometrie, ein mehr geschichtlicher Abriss der Astronomie und die Principien der Mechanik seien ausreichend. Aber in dem Brief über die Erziehung bedauert er den Rückgang der mathematischen Studien, den man keinesweges mit dem Vorgeben erklären könne, dass es den Deutschen an Anlage für diese Wissenschaft mangele: das Gegentheil werde durch die Namen eines Leibnitz, eines Kopernikus bewiesen. Der Grund liege vielmehr in dem Mangel an Ermuthigung zu diesem Studium und vornehmlich an geschickten Lehrern.

Lebhafter verwendet sich der König für den Unterricht in der Geschichte. Freilich soll man sie nicht, wie er dem Erzieher des Prinzen Friedrich Wilhelm einschärft, wie ein Papagei lernen; es kommt nicht darauf an, das Gedächtniss mit Zahlen und Daten zu überladen: vielmehr ist ein klarer Einblick in den Zusammenhang der grossen geschichtlichen Ereignisse, das Verständniss für die den Veränderungen im Staatensystem zu Grunde liegenden Ursachen anzustreben. „Auch muss man ihn bemerken lassen, dass die antiken Historiker nicht immer wahrheitsliebend sind und dass man, ehe man ihnen glaubt, prüfen und urtheilen muss.[2])

---

[1] Oeuvr. t. XXVII. troisième partie No. XVI.
[2] Oeuvr. t. IX. p. 37.

In der Instruction für die Ritterakademie hebt der König insbesondere die Nothwendigkeit hervor, in der neueren Geschichte bewandert zu sein. „Die Ereignisse seit Karl V. wirken bis auf unsere Zeit fort; keinem jungen Mann, der in die Welt eintreten will, ist es gestattet über Thatsachen ununterrichtet zu sein, welche mit der Kette der laufenden Welthändel Europas zusammenhängen und auf sie einwirken."[1]) Namentlich verlangt er Kenntniss der vaterländischen Geschichte. „Mag ein Engländer nichts von dem Leben der persischen Könige wissen, oder die unzählige Menge von Päpsten, welche die Kirche beherrscht haben, mit einander verwechseln, man wird es ihm verzeihen; aber man wird nicht gleiche Nachsicht mit ihm haben, wenn er von dem Ursprung seines Parlaments, von den Gebräuchen seiner Insel und von den verschiedenen Geschlechtern der Könige, die in England regiert haben, nichts weiss."[2])

Bei des Königs ungewöhnlicher Selbstbeherrschung über seinen nur zu oft gebrechlichen Körper nimmt es nicht Wunder, wenn er, hierin ganz im Einklange mit der neueren pädagogischen Richtung seiner Zeit, auf Vermeidung jeder Verweichlichung, auf verständige **Abhärtung** dringt. Er empfiehlt dem Major von Borcke, den jungen Prinzen zwar selbstverständlich in Acht zu nehmen, es ihn aber ja nicht merken zu lassen, das würde ihn weichlich, furchtsam und träge machen. Fröhlich und dreist solle er vielmehr werden, und sich bei Zeiten an den Ton und die Anforderungen des Lebens gewöhnen. — Die Verweichlichung und Verzärtelung der vornehmen Jugend ist Gegen-

---

[1]) Oeuvr. t. IX. p. 79. Ganz ähnlich in der Abhandlung de la littérature allemande, VII. p. 115, wo der König seine Ideen über die beim Geschichtsunterricht zu befolgende Methode ausführlich und mit unverkennbarer Vorliebe für den Gegenstand entwickelt.

[2]) Oeuvr. t. I. p. 11.

stand seines bitteren Spottes und seiner ernsten Klage. Man erzieht, sagt er in der Lettre sur l'éducation, „unsere Jugend weibisch, man macht sie bequem, faul und feige. Statt dem Geschlechte jener alten Germanen zu gleichen, könnte man sie für eine Kolonie, die von Sybaris hierher verpflanzt ist, halten; sie vergehen in Müssiggang und Nichtsthuerei." „Diese weibische Jugend", fährt er an einer anderen Stelle desselben Briefes fort, „lässt mich oft bedenken, was wohl Arminius sagen würde, wenn er seine Sueven oder Semnonen so entartet sähe, was würde ferner der grosse Kurfürst sagen, er, der als Führer eines mannhaften Volkes, mit Männern die Schweden aus seinen Staaten verjagt hat?"[1])

Mit wenigen Worten heben wir endlich noch hervor, dass Friedrich einer der Ersten war, die sich für die Verbesserung der **weiblichen Erziehung** interessirten. Er widmet dieser Frage am Schlusse seiner Lettre sur l'éducation eine eingehende Erörterung, worin er bitter darüber klagt, dass der Unterricht der weiblichen Jugend, auf welcher doch die Hoffnung des Staates nicht minder beruhe, als auf den jungen Männern, bisher auf die unverantwortlichste Weise vernachlässigt worden und wesentlich auf die Ausbildung äusserlicher Reize und Fertigkeiten gerichtet worden sei. Man sei nachsichtig, wenn die Circassier ihre Töchter zu allen Künsten der Coquetterie abrichten, um sie sodann um so theurer an das Serail des Grossherrn zu verkaufen, das sei eben Sklavenhandel. Aber dass sich bei einem freien und gebildeten Volk der höchste Adel diesem Brauch unterwerfe, das werde ihm die späteste Nachwelt ewig zum Vorwurfe machen. „Ein junges Mädchen kann sich an weiblichen Arbeiten, an der Musik, am Tanze ergötzen; aber vor Allem muss man ihren Geist bilden, ihr

---

[1]) Oeuvr. t. IX. p. 120. 123.

Geschmack für gute Lectüre beibringen, ihr Urtheil üben, ihren Verstand an solide Kost gewöhnen. Sie erröthe nicht, sich über ihren Haushalt zu unterrichten: es ist ungleich besser, dass sie ihr Haus in Ordnung hält, als dass sie nach allen Seiten hin thörichte Schuldverbindlichkeiten eingeht."[1])

Wenden wir uns nun zu einer kurzen Uebersicht dessen, was Friedrich der Grosse als König für die Hebung des Unterrichtswesens und der Volkserziehung in seinem Lande gethan hat, so finden wir, wenn ich so sagen darf, sein Programm klar ausgesprochen im Eingange seines Briefes über die Erziehung, wo es heisst: „Ich liebe es, diese Jugend zu betrachten, die unter unseren Augen heranwächst. Sie ist die künftige Generation, die der Aufsicht der jetzigen anvertraut ist, ein neues Menschengeschlecht, das heranreift, um das gegenwärtige zu ersetzen; es ist die Hoffnung und die Kraft des Staates, die gut erzogen, seinen Glanz und seinen Ruhm fortdauern machen soll. Darum muss ein weiser Fürst allen seinen Fleiss darauf verwenden, in seinen Staaten nützliche und tugendhafte Bürger zu erziehen."[2]) Und sein Minister v. Zedlitz schrieb 1773 dem berühmten Schulfreunde, Domherrn von Rochow, „dass der Herr (Friedrich) die Schulanstalten, soviel nur möglich, ausgebreitet haben wolle."[3])

Daher sehen wir denn den König unmittelbar nach Beendigung des siebenjährigen Krieges mit gewohnter Energie daran gehen, das durch den Krieg arg verwüstete

---

[1]) Oeuvr. t. IX. p. 125.
[2]) Oeuvr. t. IX. p. 115.
[3]) Preuss III. S. 115.

Volksschulwesen seiner Provinzen wieder aufzurichten. Bereits drei Tage vor dem Abschlusse des Friedens, am 12. Februar 1763, schreibt er noch aus Leipzig seinem damaligen Cultusminister v. Danckelmann, er habe acht Schulhalter in Sachsen angenommen, wovon vier in der Kurmark, vier in Hinterpommern auf Aemtern angestellt werden sollten, und befahl für ihr Unterkommen zweckmässig zu sorgen und sie gegen alle Verfolgung des Neides zu schützen, damit sie zum Beispiel dienen und sogar die Schulmeister lehren könnten, die Jugend besser zu unterrichten.[1] — Wenige Tage später lässt er dem geistlichen Departement in Schlesien, am 20. März 1763, schreiben[2]: Da Se. Majestät nach dem glücklich hergestellten Frieden die Aufrechthaltung der Schulen im Lande und die gute Ordnung bei solchen sich mit zum Hauptaugenmerk in Gnaden zu nehmen geruhen, so sei zur Erhaltung dieses Zweckes die erforderliche Untersuchung anzustellen, und von sechs zu sechs Monaten zu Erhaltung der guten Anstalten bei den Schulen oder zu benöthigter Remedur zu berichten. Dieselbe Anweisung erging am gleichen Tage, was die katholischen Volksschulen betraf, an den Weihbischof von Strachwitz zu Breslau[3], einen menschenfreundlichen und aufgeklärten Prälaten, der sich unter Beihülfe des Abts von Felbiger dem ihm gewordenen Auftrage mit grossem Eifer und Erfolg unterzog. Felbiger, der sich als Pädagog ein bedeutendes Ansehen erwarb und mit Friedrichs Erlaubniss später in österreichische Dienste trat, um dort ebenfalls das Volksschulwesen zu verbessern, bezeichnet in einer Schrift, die er 1772 zur Instruirung der Lehrer über

---

[1] Cabinets-Ordre an den Etats-Minister von Danckelmann, die Verbesserung der Landschulen betreffend, bei Mylius Novum Corpus Constitutionum Marchicarum T. III. S. 195.
[2] Ebendaselbst III. S. 203.
[3] Ebendaselbst III. S. 203.

die von ihm aufgestellte Unterrichtsmethode herausgab, als den Zweck der Schule, dass die Kinder sollen tüchtig gemacht werden, nützliche Glieder des Staates, vernünftige Menschen und rechtschaffene Christen zu werden.[1])

In umfassendstem Maasse sucht das am 12. August 1763 erlassene, von dem Oberconsistorialrath Hecker verfasste General-Land-Schulreglement[2]) den Volksunterricht zu fördern. „Demnach Wir" heisst es im Eingange dieses höchst bedeutenden Erlasses, „zu Unsern höchsten Missfallen selbst wahrgenommen, dass das Schulwesen und die Erziehung der Jugend auf dem Lande bisher in äussersten Verfall gerathen, und insonderheit durch die Unerfahrenheit der mehresten Küster und Schulmeister die jungen Leute auf dem Lande in Unwissenheit und Dummheit aufwachsen: so ist Unser so wohlbedachter als ernster Wille, dass das Schulwesen auf dem Lande in allen Unsern Provinzen auf einen bessern Fuss als bisher gesetzet und verfasset werden soll. Denn so angelegentlich Wir nach wieder hergestellter Ruhe und allgemeinem Frieden das wahre Wohlsein Unserer Länder in allen Ständen Uns zum Augenmerk machen: so nöthig und heilsam erachten Wir es auch zu sein, den guten Grund dazu durch eine vernünftige sowol als christliche Unterweisung der Jugend zur wahren Gottesfurcht und andern nützlichen Dingen in den Schulen weisen zu lassen."

Das General-Land-Schul-Reglement geht, wie schon frühere Edikte Friedrich Wilhelms I. über das Schulwesen, von dem grossen Grundsatze der allgemeinen Schulpflicht aus, in welchem die preussischen Staatslenker frühzeitig einen der mächtigsten Hebel der Volksbildung erkannt haben, und der seit Einführung der allgemeinen

---

[1]) Heppe, Geschichte des deutschen Volksschulwesens Bd. I. S. 88.
[2]) N. C. C. III. S. 265—282.

Wehrpflicht ein unzertrennliches Zubehör, ja recht eigentlich die Ergänzung derselben auf dem geistigen und ideellen Gebiete bildet. Wir wollen, sagt das Schul-Reglement des grossen Königs, „dass alle Unsere Unterthanen, es mögen sein Eltern, Vormünder oder Herrschaften, denen die Erziehung der Jugend oblieget, ihre eigene sowol als die ihrer Pflege anvertraute Kinder, Knaben oder Mädchen in die Schulen schicken und sie so lange zur Schule halten sollen, bis sie nicht nur das nöthigste vom Christenthum gefasset haben und fertig lesen und schreiben, sondern auch von demjenigen Red und Antwort geben können, was ihnen nach den von Unsern Consistoriis verordneten und approbirten Lehrbüchern beigebracht werden soll." Diese Schulpflicht erstreckt sich „wo nicht eher doch höchstens vom fünften Jahre ihres Alters" bis zum dreizehnten und vierzehnten Jahr; sie begreift die Verpflichtung zu regelmässigem Schulbesuch in sich, und soll nöthigenfalls durch ernstliche Zwangsmittel, executivische Beitreibung der Schulgelder im Verwaltungswege und Festsetzung von Polizeistrafen gegen säumige Eltern oder Vormünder durchgeführt werden. Die Schulzeit soll des Winters Vormittags von 8 bis 11 und Nachmittags von 1 bis 4, mit Ausnahme des Mittwochs und Sonnabends, gehalten werden; für den Sommer wird nachgelassen, dass nur an drei Tagen wöchentlich je drei Stunden, Vormittags oder Nachmittags unterrichtet werde, ohne jedoch dem rühmlichen Eifer Einhalt zu thun, womit an manchen Orten dafür gesorgt sei, dass die Sommerschulen sowohl Vor- als Nachmittags ordentlich gehalten werden. Dafür sollen aber auch an Schulgeld, welches im Winter für jedes Kind wöchentlich sechs Pfennig, neun Pfennig oder einen Groschen beträgt, je nachdem die Kinder es noch nicht zum Lesen gebracht, oder bereits lesen, oder endlich auch schreiben und rechnen, im Sommer nur zwei Drittel dieser Sätze zu entrichten sein. Für Eltern, welche dies Schulgeld nicht zu erschwingen vermögen, soll es aus dem Klingebeutel oder aus der Dorfkasse gezahlt werden, „damit den Schulmeistern an ihrem Unterhalt nichts abgehe, folglich dieselben auch beides, armer und reicher Leute Kinder, mit gleichem Fleiss und Treue unterrichten mögen."

Mit vollem Nachdruck wird die Besetzung der Schulstellen durch „rechtschaffene Schulmeister" angestrebt. Kein Küster und Schulmeister soll ins Amt eingesetzt werden, bevor er nicht durch ein Examen vor dem Inspector den Nachweis seiner Tüchtigkeit zum Schulamt geführt hat. Ohne solchergestalt nachgewiesene Befähigung soll sich Niemand, weder auf dem Lande noch in den Städten des Schulhaltens anmassen. Alle „Winkelschulen, sie mögen von Manns- oder Weibspersonen gehalten werden, sollen hierdurch bei Strafe gänzlich verboten sein." Doch bleibt es wohlhabenden Eltern nach wie vor erlaubt, für ihr Haus und Kinder „Privat-Informatores" zu halten.

Für die Besetzung der Schulstellen in der Kurmark schärft das Reglement die bereits früher ergangenen Verordnungen ein, wonach Niemand Schulmeistsr oder Küster werden sollte, der nicht eine Zeitlang in dem kurmärkischen Küster- und Schulseminar zu Berlin gewesen sei, und „darinnen den Seidenbau sowol, als die vortheilhafte bei den deutschen Schulen der Dreifaltigkeitskirche eingeführte Methode des Schulhaltens gefasset" habe. Diese Pflanzschule, welche von dem um die Verbesserung der Unterrichtsmethode und des Volksschulwesens im Allgemeinen wohlverdienten Prediger der gedachten Kirche, dem Oberconsistorialrath Hecker bereits im Jahre 1748 begründet worden war, ist das erste Schullehrerseminar des preussischen Staates gewesen, dem unter Friedrichs Regierung noch eine Reihe ähnlicher Anstalten in Breslau, Halberstadt, Magdeburg und Stettin folgten. — Das Bedürfniss vor allen

Dingen die Schullehrer selbst zu unterrichten, wurde von allen Seiten anerkannt. Der edle Schulfreund, Domherr Friedr. Eberhard von Rochow, dessen Schulen auf seinen Gütern wahre Musteranstalten für die Mark Brandenburg geworden sind, bezeichnet es in seinem Vorworte zu Riemanns Beschreibung der Rekahn'schen Schulen als das „einzig Nothwendige, dass ein Volksschullehrerseminarium angelegt werde, worin christlich gesinnte geschickte junge Männer auf Kosten des Staats von einem musterhaft christlichen, d. i. edel denkenden Manne zu Volkslehrern gebildet würden." Ebenso betonte Herder die dringende Nothwendigkeit, dieses allerwesentlichste Bedürfniss der Volksschule zu befriedigen.

Freilich war es nicht leicht, mit einem Mal Abhülfe zu schaffen. Die Zustände des Volksschulwesens waren schlimm. Noch immer galt an vielen Orten das Schulhalten als Nebenbeschäftigung zurückgekommener Handwerker oder als letzte Zuflucht ganz verlotterter Literaten. Zwar wurde den Schulmeistern im General-Land-Schul-Reglement nachdrücklich verboten, in den angesetzten Schulstunden ihrer Handarbeit oder anderen Geschäften nachzugehen. Allein viel scheint dies Verbot nicht gefruchtet zu haben. Noch im Jahre 1771 lautet ein Randvermerk des Königs unter einem Bericht, der Vorschläge zur Verbesserung der Lehrergehalte machte: „Die Oerter Seindt ganz gut ausgesucht, die schlechten Schuhlmeisters Seindt Schneiders die Meisten, und Müste Man Sehen ob man sie nicht in kleinen Stetten könnte Schneidern lassen, oder wie Man Sie Sonsten Unterbringet, damit die Schuhlen desto eher im guhten Stande kommen können, was eine Interessante Sache ist."[1]) Noch in seinem Alter klagt der König, in der Abhandlung über die deutsche Literatur,

---

[1]) Preuss III. S. 115.

bitter über den Mangel an guten und geschickten Lehrern; die geringe Zahl derselben reiche nicht für die vielen Schulen aus, für welche gesorgt werden müsse; er tadelt die Pedanterie, die Langweiligkeit, die Gleichgültigkeit, am meisten aber die Unwissenheit vieler Lehrer: „Was können sie denn Andere lehren, wenn sie selbst nichts wissen?"[2])

Als der König im Jahre 1779 auf einer seiner schlesischen Inspectionsreisen sich nach seiner Weise lebhaft mit seinen Begleitern unterhielt und darüber Klage führte, dass er für Oberschlesien keine geeigneten Schulmeister finden könne, schlug ihm der Herr von Koppy, ein gewandter und beredter Grundbesitzer im Strehlenschen Kreise, vor, invalide Soldaten dazu zu verwenden. Friedrich ergriff diesen Gedanken, der einem seiner Lieblingswünsche, für „seine alten Freunde, die Invaliden" zu sorgen, schmeichelte, mit grosser Bereitwilligkeit; sein Kriegsminister musste ihm ein Verzeichniss von alten Soldaten aufstellen, die sich zur Versorgung im Schulfache eignen sollten, welches demnächst dem Cultusministerium mit der Weisung, diese Leute anzustellen, zugeschickt wurde. Es war eine Liste von 74 Namen, ausser denen, wie der Kriegsminister bemerkte, noch 741, die als Büdner, Holzwärter und auf ähnliche Weise untergebracht werden könnten, und überdies 3443 gänzlich unversorgte Invaliden übrig waren. Der Cultusminister versuchte Gegenvorstellungen beim König. Aber er erhielt den Bescheid, mit der Anstellung vorzugehen, „denn," schrieb Friedrich zurück, „die Leute meritiren untergebracht zu werden, indem sie ihr Leben und Gesundheit für das Vaterland gewagt haben." So musste Zedlitz denn gehorchen; aber er thats mit schwerem Herzen. Seinem Freunde dem Domherrn von Rochow schrieb er darüber im Jahre 1781: „Fast muss ich auf die Aufnahme

---

[2]) Oeuvr. t. VII. p. 98.

der Landschulen ganz Verzicht thun; der König bleibt bei der Idee, dass die Invaliden zu Schulmeistern genommen werden sollen. Er vermengt die Billigkeit, verdiente Leute zu belohnen, mit der Pflicht, brauchbare Menschen zu bilden. Ich habe selbst in einzelnen Fällen mit meinen Vorstellungen nichts ausrichten können."[1]) Auch bei anderen Freunden des Schulwesens rief dieser Schritt des Königs lebhafte Klagen hervor. Der wackere Büsching trägt sogar kein Bedenken, das Jahrhundert Friedrichs des Grossen nach dieser Seite hin das Jahrhundert der Invaliden zu nennen. Wenn wir aber erwägen, dass dem König, in vielen Fällen wenigstens, zur Besetzung offener Schulmeisterstellen nur zwischen Schneidern und seinen alten Soldaten die Wahl freistand; wenn ferner in Betracht gezogen wird, dass, wie aus den vorher mitgetheilten Zahlen klar hervorgeht, bei Auswahl der zur Versorgung im Schulfach vorgeschlagenen Invaliden mit Sorgfalt zu Werke gegangen wurde, und keineswegs jeder alte Soldat schon deswegen, weil er invalid war, die Berechtigung zum Schulmeister erhielt: dann werden wir, meine ich, jenen Tadel etwas übertrieben finden. Ich meinerseits halte dafür, dass die pommerschen und märkischen Jungen bei einem alten Schnurrbart aus dem siebenjährigen Kriege die Anfangsgründe der Weisheit wohl ebenso gut, und manches Andere, was zum Leben dienlich ist, vielleicht noch besser gelernt haben werden, als von einem in seinem Gewerbe nicht prosperirenden Handwerker, oder bei einem in literis et moribus verunglückten Studiosus.

Wie gross der Bedarf an Dorfschullehrern gelegentlich war, das zeigt uns beispielsweise die Thatsache, dass der König nach der Erwerbung von Westpreussen, als er die

---

[1]) Friedr. Eberhard von Rochow literarische Correspondenz mit verstorbenen Gelehrten, Berlin 1799, S. 213.

Civilisirung dieses unter der polnischen Wirthschaft gänzlich verkommenen Gebiets in seiner grossartigen Weise in die Hand nahm, mit einem Schlage eine Compagnie von 187 Schullehrern dorthin sandte, von denen ihm der verdiente Theolog und Schulmann Professor Semler in Halle einen Theil ausgesucht und eingeübt hatte.[1]) Was für ein Schatz von Menschenwürdigkeit, Gesittung und künftiger Bildung dem verwilderten und halb wüsten Lande damit zugeführt werden musste, auch wenn unter dieser Schaar etliche Invaliden gewesen sein sollten, erhellt ohne Weiteres.

Einen regen Antheil bethätigte der König ferner auch für die Hebung und Verbesserung der Mittelschulen, für die Stadtschulen und für die Gymnasien. Die vom Oberconsistorialrath Hecker begründete Berliner Realschule, die erste Anstalt dieser Art, wurde von Friedrich, trotz seiner Vorliebe für den Unterricht in den klassischen Sprachen, als eine äusserst nützliche Anstalt erkannt und mit mancherlei Privilegien ausgestattet. Dass an den Gymnasien des Landes gründlicher Unterricht nach guter Methode ertheilt werde, lag dem König besonders am Herzen. Er sorgte dafür, dass die hervorragenden Anstalten — als solche führt er selbst in der Lettre sur l'éducation das Joachimsthal, die Ritterakademien in Berlin und in Brandenburg, sowie das Gymnasium zu Kloster Bergen bei Magdeburg auf — stets unter tüchtigen Leitern standen, und liebte es, Schulmänner solchen Ranges in seinen persönlichen Verkehr zu ziehen und sich über Unterrichtsfragen angelegentlich mit ihnen zu unterhalten. Sulzer, dessen ich schon vorhin gedachte, war Professor der Mathematik und nachher Inspector am Joachimsthal; mit Meierotto, der als Rector dieser ältesten Hohenzollern-

---

[1]) G. Freytag, Bilder aus der deutschen Vergangenheit, Th. V. S. 277.

schule die arg in Verfall gerathene Disciplin kräftig wiederherstellte, hat der König wiederholte Unterredungen gehabt, bei denen er den Erfolgen, namentlich im Unterricht der Rhetorik, in seiner eingehenden Weise nachforschte. Als Büsching, der Director des Grauen Klosters, der ältesten Berliner Lehranstalt, gegen das Urtheil Einsprache erhob, welches der König, wie wir vorhin sahen, in der Lettre sur l'éducation über die bei dem Unterrichte auf den Gymnasien befolgte Methode ausgesprochen hatte, nahm Friedrich das nicht ungütig auf;[1] er freute sich auf das Lebhafteste, dass die berühmte alte Schule zu Kloster Bergen unter der trefflichen Leitung des frommen Abtes Steinmetz zu hoher Blüte gedieh, und munterte den Abt in einer Cabinets-Ordre vom 24. Februar 1750[2] auf, „noch ferner mit aller nur ersinnlichen Attention darauf zu arbeiten, dass dies so löbliche als nützliche Etablissement immer vollkommener werden und zu allem möglichem Flor gelangen möge." Um so heftiger verdross es ihn, als diese Musteranstalt unter dem Nachfolger des würdigen Steinmetz, dem Abte Hähn, einem eigensinnigen Manne von beschränkten Gaben, in Verfall gerieth. „Der Abt Taugt nichts," schrieb Friedrich in seinem kräftigsten Marginalstil an den Rand eines Berichts, „Man Mus Einen Andern in der Stelle haben, Kein Mensch wil jetzo Seine Kinder dahin Schicken, weil der Kerel ein übertriebener pietistischer Narr ist."

Wenn Friedrich der Grosse gelegentlich beschuldigt worden ist, für die obersten Lehranstalten seines Landes, für die Universitäten, weniger Liebe besessen zu haben, so führt sich dieser Vorwurf wohl zum Theil zurück auf die witzigen

---

[1] J. S. E. Preuss, Friedrich der Grosse als Schriftsteller, Berlin 1837. S. 206.

[2] Abgedruckt bei Preuss, Friedrich d. Gr. Urkundenbuch Bd. I S. 195.

Bemerkungen, in denen der König seine Abneigung gegen das pedantische, unförmliche Wesen, welches dem deutschen Fachgelehrten damals nicht selten zu eigen war, und gegen das rohe Renomistenwesen, welches namentlich in der ersten Hälfte des 18. Jahrhunderts unter den Studenten herrschte, rückhaltlos ausgesprochen hat.[1]) Zum Theil trägt zu jenem Urtheil sicherlich auch die grosse Sparsamkeit bei, deren sich die preussische Verwaltung bei der Bemessung der Mittel für die Universitäten zu befleissigen gezwungen war. Die wichtigste Hochschule des Landes, Halle, erhielt bis gegen Ende des Jahrhunderts nur 18,116 Thlr., Frankfurt a. O. 12,648 Thlr., Königsberg gar nur 6920 Thlr. Staatszuschuss.[2]) Dabei waren freilich Professorengehalte, wie sie jetzt üblich werden, ausgeschlossen. Kant erhielt, als er nach fünfzehnjähriger Privatdocentenschaft im Alter von sechs und vierzig Jahren zum ordentlichen Professor der Philosophie ernannt wurde, als solcher ein Gehalt von vierhundert Thalern. Aber dies haushälterische Zusammenhalten der Mittel war durch die Lage des armen, durch den Krieg aufs Aeusserste angespannten Landes dringend geboten; zudem schreckte das knappe Gehalt, wie ja eben Kants Beispiel zeigt, doch gerade die Bedeutendsten nicht von den Lehrstühlen der preussischen Universitäten zurück. Es war Höheres als Geld, was die Gelehrten an Preussen fesselte.

Dass der König, wo es darauf ankam, auch beträchtliche Aufwendungen nicht scheute, um eine hervorragende Kraft zu gewinnen, zeigte er sogleich beim Antritt seiner Regierung durch die Anerbietungen, welche er dem berühmten Vertreter der Leibniz'schen Philosophie, Christ. Wolff machen liess, um ihn nach Preussen, von wo ihn

---

[1]) Vgl. z. B. die Abhandlung de la littérature allemande (Oeuvr. t. VII. p. 100 ff.), und den Brief sur l'éducation (t. IX. p. 117.)
[2]) Preuss, Friedr. d. Gr. III. S. 111.

Friedrich Wilhelms I. Machtgebot vertrieben hatte, zurückzuziehen. Mit Stolz und Freude liest man im Briefwechsel des Königs das Faksimile seiner eigenhändigen Nachschriften zu den Cabinets-Ordres an den Probst Reinbeck, der den Auftrag erhielt, mit Wolff zu verhandeln. „ich bitte ihn sich umb des Wolfen mühe zu geben ein mensch der die Warheit sucht und sie liebet mus unter aller menschlicher Gesellschaft werht gehalten werden und glaube ich das er eine Conquete im Lande der Warheit gemacht hat wenn er den Wolf hier her persuadiret."[1]) Dem Studium der Philosophie wandte der König, seiner ganzen Geistesrichtung entsprechend, auch sonst die lebhafteste Theilnahme zu. Er persönlich veranlasste im Jahre 1754 den Professor Meier in Halle, über Lockes Versuch über den menschlichen Verstand, ein von Friedrich hochgeschätztes Werk, Vorlesungen zu halten, an denen sich freilich nur vier Zuhörer, darunter der spätere Cultusminister von Zedlitz, betheiligten. In dem Rescripte, welches unterm 25. December 1775 an die ostpreussische Regierung gerichtet wurde, um die Universität Königsberg zu Fortschritten anzuregen, heisst es: „Da unsere landesväterliche Absicht dahin gehet, dass auf unseren Universitätsn die Köpfe der Studirenden nicht mit nahrungslosen Subtilitäten verdüstert, sondern aufgeheitert und durch die Philosophie besonders zur Annahme und Anwendung wahrhaft nützlicher Begriffe fähig gemacht werden sollen, so sehen wir ungern, dass auf dortiger Universität die Crusianische Philosophie, über deren Unwerth die erleuchtetsten Gelehrten längst eins sind noch gelehrt wird."[2])

[1]) Oeuvr. t. XXVII. troisième partie im Anhange (Cab. Ordre v. 6. Juni 1780).

[2]) Trendelenburg, Friedrich der Grosse and sein Staatsminister Freiherr von Zedlitz. Eine Skizze aus dem preussischen Unterrichtswesen (Monatsberichte der Akademie der Wissenschaften zu Berlin, Januar 1859, S. 101).

Als der König seinen Brief über die Erziehung, wie schon vorhin erwähnt, dem Cultusminister zur Beachtung der über die Universitäten darin enthaltenen Bemerkungen übersandt hatte, berichtete der Minister von Fürst ausführlich über die in Folge dieser Anregung getroffenen Anordnungen und erbat zugleich die Erlaubniss, öfters Visitationen der Universitäten durch einen tüchtigen Rath vornehmen zu lassen. Darauf erging folgendes Marginalrescript Friedrichs:

„Sie Müssen in der Medecin besonders bey des borhavens Metode bleiben, in der Astronomie Neuton, in der Metafisik Lok, in den historischen Kentschaften die Metode des Tomasius Folgen, im übrigen wirdt eine Vissitation vihlen Nutzen haben, wen sie einen geschickten menschen Comitirt wirdt."[1]

Diese kürzeste aller Encyclopädien wird in der Abhandlung Friedrichs über die deutsche Literatur zu einer ausführlichen Rundschau über sämmtliche Fakultäten erweitert.[2] Sie beginnt mit der Bemerkung, den deutschen Universitäten fehle es an einer einheitlichen Methode, jeder Professor mache sich seine eigene, und doch gebe es nur Eine gute Methode, an die man sich halten müsse. Und nun versucht der König diese Methode für jedes Fach des Näheren zu entwickeln: für die Philosophie, welcher vor allen Dingen eine Darlegung der geschichtlichen Entwickelung des menschlichen Denkens empfohlen wird, und von deren Vertreter der König hofft, dass er den weisen Locke nicht vergessen werde, „den einzigen Metaphysiker, welcher die Einbildung dem Verstande zum Opfer bringt, welcher der Erfahrung folgt, soweit dieselbe zu führen vermag, und der verständig genug ist, da still zu stehen, wo ihm dieser Führer mangelt." Für die Medicin, für die Juris-

---

[1] Preuss, Friedrich der Grosse als Schriftsteller S. 204.
[2] Oeuvr. t. VII. p. 100.

prudenz folgt sodann ein kräftig Wörtlein, das kurz auf sachliches Eindringen in die Studien verweist. Demnächst eine ausführliche, mit Beispielen belegte Methodik für die Vorträge über die historischen Wissenschaften; Mathematik und Theologie lässt der König bei Seite, weil der Evidenz der Ersteren nichts hinzuzufügen sei, während man die volksthümlichen Meinungen der Letzteren nicht vor den Kopf stossen müsse.

Ueberblickt man die ganze Abhandlung, so zeigt sich allenthalben, bei vielfachen Missverständnissen und bei manch ungerechtfertigtem Sarkasmus des grossen Monarchen, doch die ungemeine Lebhaftigkeit der Theilnahme, welche er den höchsten Unterrichtsanstalten seines Landes zuwendete, und das ernstlichste Streben, zu ihrem Flore in wirksamster Weise beizutragen.

Wie eine Zusammenstellung aller dem Unterrichtswesen gewidmeten Reformbestrebungen des grossen Königs dürfen wir die Worte in seinem Schreiben an d'Alembert vom 6. October 1772[1]) betrachten: „Je mehr man im Lebensalter vorrückt, desto deutlicher wird man inne, welche Uebelstände für die Gesellschaft aus der Vernachlässigung der Jugenderziehung entspringen. Ich gebe mir die ersinnlichste Mühe, um diesen Missbrauch auf jede Weise abzustellen. Ich reformire die Stadtschulen, die Universitäten, ja selbst die Dorfschulen. Die Früchte davon wird man erst nach dreissig Jahren wahrnehmen. Ich werde sie nicht geniessen, aber ich tröste mich damit, dass ich meinem Vaterlande diesen Vortheil verschaffen helfe, der ihm fehlte."

Nur zur Vervollständigung unserer Uebersicht dessen, was Friedrich als Herrscher für den Unterricht gethan hat, darf hier kurz auch auf die wahrhaft königliche Fürsorge Bezug genommen werden, welche von ihm der Berliner Akademie der Wissenschaften unablässig erwiesen worden

---

[1]) Oeuvr. t. XXIV. p. 580.

ist. Für sie wollte er Wolff nach Berlin ziehen, ihn dort „zum Aufnehmen der Societät der Wissenschaften placiren;" er könne, heisst es in einer zweiten Cabinets-Ordre an den Probst Reinbeck, „gleichfals seine lectiones halten, weil es ihm an Zuhörern nicht fehlen wird." Und in der eigenhändigen Nachschrift, deren freie Züge uns ebenfalls in der Ausgabe der Werke des grossen Königs im Facsimile zugänglich gemacht sind, heisst es:

„wen der Wolf hier Komen wirdt so hat es Keine Schwirichkeit, den Unsere accademie mus nicht zur parade sondern zur Instruction sein."

In allem, was Friedrich der Grosse für das Unterrichtswesen als Schriftsteller geschrieben und als König gethan, stand ihm in seinem schon oft von mir genannten Cultusminister, dem Freiherrn Karl Abraham von Zedlitz-Leipe ein vorzüglicher, ebenso verständnissvoller als thatkräftiger Gehülfe zur Seite. Das Lebensbild dieses ausgezeichneten Staatsmannes hat Trendelenburg in einem jener schönen Vorträge, welche er als Sekretar unserer Akademie der Wissenschaften am Geburtstage des grossen Königs zu halten pflegte, mit Meisterhand entworfen. Sein Vortrag führt uns den vornehmen, gründlich gebildeten, von altpreussischem Pflichteifer beseelten Mann vor „mitten in den Wissenschaften und wieder bei den Schulbüchern und bei der Bildung von Lehrern; mitten in den Universitäten und Gymnasien und selbst persönlich in der eigenen Armenschule;" er bezeichnet es mit Recht als eine würdige Aufgabe der vaterländischen Geschichtsschreibung, Zedlitzens zerstreute Briefe zu sammeln, ungedruckten nachzuspüren, die Akten zu durchforschen, und aus diesen Quellen ein vollständiges Bild seines Wesens und Wirkens darzustellen. Hoffentlich findet diese Aufgabe eine würdige Lösung.

Als dauerndstes Denkmal der Bestrebungen, welche Friedrich und sein Minister dem Unterrichtswesen und der

Volkserziehung zugewendet haben, dürfen wir die Grundsätze betrachten, welche in dem zwar erst unter Friedrichs Nachfolger publicirten, aber durchaus von Friedrich veranlassten und in seinem Geiste entworfenen grossen Gesetzbuche Preussens die gesetzliche Sanction erlangt haben. Der zwölfte Titel im zweiten Theile des Allgemeinen Landrechts, welcher „von niederen und höheren Schulen" handelt, bildet bis auf den heutigen Tag die Magna Charta unseres gesammten Unterrichtswesens.

„Schulen und Universitäten sind Veranstaltungen des Staats": dieser Satz, mit welchem der Titel des Landrechts über das Schulwesen anhebt, spricht sowohl das Recht als die Pflicht des Staats, den Unterricht der Jugend als eine seiner wichtigsten Aufgaben zu behandeln, völlig klar und unzweideutig aus. Darum sollen „dergleichen Anstalten nur mit Vorwissen und Genehmigung des Staats errichtet werden"; auch Privat-Schul- und Erziehungs-Anstalten sind der Aufsicht des Staats unterworfen; ihm liegt es ob, die wissenschaftliche Befähigung derjenigen, welche an öffentlichen, an Privatschulen oder in den Häusern Unterricht ertheilen wollen, zu prüfen und festzustellen. Aber dieses Aufsichtsrecht des Staats soll nicht die selbstständige Thätigkeit der Gemeinden lähmen, denen die Unterhaltung der Schulen obliegt. Es soll nicht dem freien Aufschwunge der Wissenschaft Eintrag thun, zu deren Pflege die Universitäten berufen sind.

Vielfach durch die Fortschritte, welche wir inzwischen auf diesen und anderen Gebieten gemacht haben, überholt, in nicht wenigen Punkten durch die oft widerstrebenden Strömungen so vieler Jahrzehnte durchlöchert, stehen die Fundamentalsätze jener landrechtlichen Schulgesetzgebung noch heute in ihrem wesentlichsten Bestande unerschüttert, ja sie stellen die Pfeiler dar, auf welche sich unsere künftige Unterrichtsgesetzgebung zu stützen haben wird.

Was Friedrich der Grosse für die Erziehung seines Volkes als Herrscher und als Schriftsteller geleistet hat, das ist, wie wir aus dem Bisherigen uns überzeugen konnten, wahrlich nicht gering anzuschlagen. Wichtiger jedoch und nachhaltiger als die unmittelbare Thätigkeit des Königs auf diesem Gebiete ist der begeisternde Einfluss gewesen, mit welchem seine gewaltige Persönlichkeit durch die Macht ihres Vorbildes und durch die Wucht ihrer Thaten auf die gesammte Nation erziehend eingewirkt hat.

Das Beispiel dieses Königs, der, obwohl seiner ganzen Natur nach weich, enthusiastisch, für friedlichen Lebensgenuss geschaffen, dennoch die harten Aufgaben, welche die höchsten Interessen seines Staates ihm aufzwangen, mit rücksichtslosester Hintenansetzung seiner persönlichsten Neigungen ergreift und bis zum letzten Athemzuge, seinem grossen Wahlspruche treu, als der erste Diener seines Staats mit unbedingter Pflichttreue erfüllt, — das Vorbild dieses Helden, der gross im Sieg, grösser noch in der Niederlage, mit unbeugsamem Geist sich gegen eine Welt von Feinden behauptet und selbst diese Feinde zu lauter Bewunderung zwingt: wie hätten sie nicht elektrisirend und stählend auf den Charakter des preussischen, des deutschen Volkes einwirken sollen! Wie eine Verkörperung des Pflichtbegriffes in seiner ernstesten Bedeutung stand das Bild des Monarchen vor den Augen seiner Unterthanen, jeden Einzelnen, den Vornehmsten wie den Geringsten, zu rastloser unverdrossener Thätigkeit anspornend, jedem Einzelnen einschärfend, dass das Gute, das Nothwendige, das Richtige allezeit um seiner selbst willen, ohne Rücksicht auf den etwa zu erwartenden Dank zu geschehen habe. Wie tief und wie nachhaltig diese Wirkung von Friedrichs Beispiel gewesen ist, darüber lassen sich zahllose Aeusserungen aus dem Munde seiner Zeitgenossen beibringen: preussisch und pflichtgetreu galten geradezu für ein und dasselbe. Ich bin ein Preusse und folglich etwas accurat, schreibt Ramler von sich; und Nicolai sagt, wenn er über viele wichtige Gegenstände etwas wisse, über Glaubensfreiheit, Aufklärung, Sittlichkeit, über den Charakter der Nationen und deren Triebkräfte, so verdanke er die Anregung hierzu lediglich dem Beispiele dieses im Frieden noch mehr als im Kriege thatenreichen Königs. „Friedrichs grosses Beispiel", heisst es in dem Briefwechsel zwischen Goltz und Hertzberg, „diente allen Patrioten des Landes zur treuen Nachahmung. Jeder glaubte, weil er ein Preusse, Diener und Werkzeug Friedrichs war, unter seiner Leitung und Anordnung mehr leisten zu können als irgend ein Individuum einer anderen Nation."

Und nun seine Thaten! Noch heute, nach mehr als einem Jahrhundert und nach so viel frischen Lorbeerkränzen, leuchtet unser Auge auf, wenn wir die Namen Hohenfriedberg, Rossbach, Leuthen nennen: was mussten sie, was musste die ganze Regierung des grossen Königs für die Deutschen des achtzehnten Jahrhunderts sein! Durch beispielloses Elend war die Seele des deutschen Volkes eingeengt und eingeschüchtert worden; jetzt erhob sie sich vom Boden, gewann Haltung und Selbstgefühl und regte die Schwingen, um in Krieg und Frieden, in Dichtung, Kunst und Wissenschaft die ihr gebührende Stelle unter den Völkern der Welt einzunehmen. Ebenso schön als treffend weist Herm. Hettner in demjenigen Bande seiner Literaturgeschichte, welcher dem Zeitalter Friedrichs des Grossen gewidmet ist, darauf hin, dass der siebenjährige Krieg gerade so am Eingange des goldenen Zeitalters unserer Literatur steht, wie die Perserkriege der Griechen am Eingange der Perikleischen Blüthezeit. Kein Geringerer als Goethe hat in jener bekannten Stelle von Wahrheit und Dichtung es bezeugt, dass der erste wahre und höhere eigentliche Lebensgehalt durch Friedrich den Grossen und die Thaten des siebenjährigen Krieges in die deutsche Poesie gekommen ist. Lessing, dessen Minna von Barnhelm, das vollendetste Denkmal, welches die deutsche Dichtung dem grossen Könige errichtet hat, unter dem frischen Eindrucke der persönlichen Kriegserlebnisse des Dichters entstanden ist, erklärte dem französischen Parnass, zu dessen Höhen König Friedrich selbst bewundernd emporblicken zu müssen glaubte, rundweg den Krieg; seine dramaturgischen Blätter brachten den Koryphäen der französischen Hof- und Staatstragödie Niederlagen bei, die an Entschiedenheit hinter derjenigen des Prinzen Soubise kaum zurückblieben, und die nicht minder befreiend wie der glorreiche Tag von Rossbach auf das deutsche Nationalgefühl eingewirkt haben. — In demselben Jahre, in welchem Lessings Laokoon erschien, veröffentlichte Immanuel Kant in den Träumen eines Geistersehers das Zukunftsprogramm seiner kritischen Philosophie, die den Eck- und Grundstein der neueren Philosophie bildet, und deren tiefer Pflichtbegriff, der kategorische Imperativ, für alle Zeit eine der vornehmsten Pflanzstätten männlicher Geisteszucht bleiben wird. Kant, der während seines langen Lebens sich stets als ein aufrichtiger Verehrer des grossen Königs bekannt hat, hat an mehr als einer Stelle seiner Werke ausgesprochen, wie viel Förderung und Anregung auch er, der Philosoph, aus den Werken und Thaten Friedrichs geschöpft hat.

In der tiefen Nachhaltigkeit dieses allgemeinen Aufschwunges der Geister, den Friedrich der Grosse hervorrief, waren auch die Heilmittel gegeben für die Schwächen und die Mängel, mit denen, wie jedes Menschenwerk, so auch der Aufklärungseifer des grossen Königs behaftet war. Wohl entbehrte seine helle klare Verständigkeit des lebendigen Glaubens, aus dem in das Gemüth des deutschen Volkes von jeher Ströme des Lebens geflossen sind;

seine Moral erscheint uns nicht selten hausbacken, sein Nützlichkeitsbegriff wird nüchtern und dürftig. Allein unter den Eindrücken, die von Friedrich ausgingen, erwuchsen Männer wie Fichte und Schleiermacher, welche an die Stelle jener erblassenden Anschauungen einen tieferen idealeren Gehalt des Denkens, kräftigere und nachhaltigere Grundlagen für die Sittlichkeit und für das religiöse Bedürfniss des Volkes aufzufinden und zu erschliessen im Stande waren. Wohl irrte der König, wenn er die ihm von dem Professor Myller vorgelegte Sammlung von altdeutschen Volksliedern mit den ungnädigen Worten zurückwies, „die Gedichte seien keinen Schuss Pulver werth"; wenn er am Schlusse seiner Abhandlung über die deutsche Literatur sich wie Moses vorkam, der das gelobte Land nur von Ferne erblicken dürfe, während doch rings um ihn her der Hain erscholl von den Liedern der in jugendlicher Götterkraft aufblühenden deutschen Dichtkunst. Hat er für Lessing und Herder, für Goethe und Schiller kein Ohr gehabt, so sind sie doch Kinder seiner Zeit, und haben, was er als nur eine Hoffnung und einen Wunsch seines Alters auszusprechen wagte, in vollstem Maasse und zu reichstem Glücke für unser Geistesleben in Erfüllung gebracht. Wohl war's ein arger Missgriff, wenn der König, unempfindlich für die geschichtliche Bedeutung des Bauwerks, die herrliche Burg der deutschen Ordensritter zu einem Kornmagazin einrichten oder vielmehr zu Grunde richten liess; sein Verständniss für die geschichtlichen Quellen der Kunstentwickelung reichte nicht tief: aber es war ein armer Schulmeister aus seiner Altmark, der, an unablässig eindringendem Studium der klassischen Schriftsteller und, nach heissem Bemühen, endlich auch an persönlicher Anschauung der antiken Kunstwerke genährt, seinem und späteren Jahrhunderten jenes monumentale Werk über die Geschichte der Kunst hinterliess, welches den Namen Joh. Winckelmann zum Leitstern der archäologischen Wissenschaft erhebt. Das Wichtigste und das Nachhaltigste aber von Allem, und das Heilsamste für alle Mängel der Friedericianischen Volkserziehung war dies: durch ihn hat unser Volk gelernt, dass es ein Vaterland besitzt. „Lange Zeit," sagt Gustav Freytag in seinen Bildern aus der deutschen Vergangenheit, „hatten die Menschen still vor sich hin gelebt, ohne Vergangenheit, deren sie sich freuten, ohne eine grosse Zukunft, auf die sie hofften. Jetzt empfanden sie auf einmal, dass auch sie Theil hatten an der Ehre und Grösse in der Welt, dass ein König und sein Volk, alle von ihrem Blute, dem deutschen Wesen eine goldene Fassung gegeben hatten, der Geschichte der civilisirten Welt einen neuen Inhalt." Und mit dieser Liebe zum Vaterland schlug, nach Friedrichs Vorgang und Beispiel, die Ueberzeugung feste Wurzel im deutschen Gemüthe, dass es höchste Mannespflicht und Mannesehre sei, für das Vaterland als Bürger einzustehen. Dies Pflichtgefühl hat Preussen gerettet, als wenige Jahrzehnte nach dem Tode des grossen Königs die Formen seines Staates sich als machtlos und abgenutzt erwiesen. Wenn unser Adolf Menzel in den geistreichen Abbildungen, mit denen er die Prachtausgabe der Werke Friedrichs des Grossen geschmückt hat, der Lettre sur l'éducation die warnende Gestalt einer Borussia beifügt, die von einer Felsenwarte mit lodernder Fackel in einen Abgrund hineinleuchtet, aus dessen dunkler Tiefe in unheimlichem Blitz die Zahl 1806 aufsteigt: so sind wir berechtigt, dies Bild dahin auszulegen, dass Friedrichs Erziehung unser Volk zwar nicht vor dem Falle zu beschützen vermocht, wohl aber ihm die Kraft verliehen hat, sich von dem Falle zu neuem ruhmvollen Anlauf zu erheben.

Wir sind am Schlusse. Wenn es noch heut, nach mächtigen Fortschritten, welche in der philosophischen Be-

— 42 —

gründung der Pädagogik wie in ihrer praktischen Ausübung gemacht worden sind, als eine der vornehmsten Aufgaben der Volkserziehung bezeichnet werden darf, dass der Unterricht ebenso sehr die freie, harmonische Ausbildung der gesammten Persönlichkeit des zu Erziehenden, als zugleich die Heranbildung desselben zu einem nützlichen und brauchbaren Gliede eines bestimmten Staates zu bezwecken hat, und wenn wir in dieser Aufgabe jene Erziehung zur reinen Menschlichkeit, wie sie den Propheten der Aufklärungspädagogik, einem Rousseau, einem Basedow vorschwebte, glücklich verbunden sehen mit der patriotischen und nationalen Richtung, welche unter dem Eindrucke der Freiheitskriege entstand; wenn wir uns gegenwärtig bemühen, dass unsere Kinder zugleich human und vaterländisch, als Weltbürger und als gute Deutsche erzogen werden: so dürfen wir mit Stolz aussprechen, dass dieses Ziel auch das Ideal Friedrichs des Grossen über Volkserziehung gebildet hat. Wir dürfen behaupten, dass Alles, was zur Förderung dieser Aufgabe gethan wird, sei es in positivem Aufbauen, sei es in energischem Wegschaffen der Hindernisse, welche ihr in den Weg gestellt werden, in Seinem Geiste geschieht und sich Seines Beifalls zu erfreuen haben würde.

In demselben Verlage sind ferner erschienen:

Abel (Dr. Carl), Ueber Sprache als Ausdruck nationaler Denkweise. 1869. 8. geh. 50 Pf.

Dove (H. W.), Gedächtnissrede auf Alexander v. Humboldt. 1869. gr. 8. geh. 75 Pf.

Du Bois-Reymond (Emil), Das Kaiserreich und der Friede. — Leibniz'sche Gedanken in der neueren Naturwissenschaft. Zwei Festreden. 1871. gr. 8. geh. 75 Pf.

— — Voltaire in seiner Beziehung zur Naturwissenschaft. Festrede. 1868. gr. 8. geh. 50 Pf.

— — Ueber eine Akademie der deutschen Sprache. Ueber Geschichte der Wissenschaft. 1874. gr. 8. geh. 1 Mark.

Grimm (Jacob), Rede auf Wilhelm Grimm und Rede über das Alter. Herausgegeben von Herman Grimm. Dritte Auflage. 8. geh. 1 Mark.

— — Rede auf Schiller. Dritter Abdruck. g. 8. 80 Pf.

— — Ueber den Ursprung der Sprache. Sechste Auflage. 1866. 8. geh. 1 Mark.

Hecker (Dr. Ewald), Die Physiologie und Psychologie des Lachens und des Komischen. 1873. gr. 8. geh. 2 Mark.

Jaehns (Max, Hauptmann), Volksthum und Heerwesen. Vortrag. 1870. 8. geh. 75 Pf.

Lazarus (Prof. Dr. M.), Ein psychologischer Blick in unsere Zeit. Zweiter Abdruck. 1872. gr. 8. geh. 75 Pf.

— — Ueber den Ursprung der Sitten. Zweite Auflage. 1867. gr. 8. geh. 80 Pf.

Steinthal (H.), Philologie, Geschichte und Psychologie in ihren gegenseitigen Beziehungen. gr. 8. geh. 1,50 Mark.

— — Gedächtnissrede auf Wilhelm von Humboldt, an seinem hundertjährigen Geburtstage gehalten. 1867. gr. 8. geh. 60 Pf.

Trendelenburg (Ad.), Die königlich preussische Akademie der Wissenschaften unter dem Könige Friedrich Wilhelm dem Vierten. — Vortrag gehalten zur Vorfeier des Geburtstages Sr. Maj. des Königs Wilhelm am 21. März 1861 in öffentlicher Sitzung der Akademie der Wissenschaften. gr. 4. geh. 1,20 Mark.

— — Friedrich der Grosse und sein Grosskanzler Cocceji. Beitrag zur Geschichte der ersten Justizreform und des Naturrechts. — Aus den Abhandlungen der königl. Akademie der Wissenschaften zu Berlin. 1863. gr. 4. cart. 2,40 Mark.